# 'O Bingo

## Honua Kupua

Marcy Schaaf

# Bingo's
## Magical World

Marcy Schaaf

Welcome, to the enchanting world of "Bingo's Magical World"! In this delightful tale, meet Bingo, a lovable dog with a secret - he sees the world in a way that's truly magical. While we see everyday things, Bingo spots wonders hidden from our view. Join Bingo on a whimsical journey filled with imagination, laughter, and invisible friends. From barking at rugs to pointing at toys, Bingo's antics will capture your heart and remind you that sometimes, the most enchanting adventures happen in the realms of our imagination. Get ready for a tail-wagging, twinkle-eyed adventure as we dive into the extraordinary world of Bingo, where the ordinary becomes extraordinary, and magic is just a paw-print away!

Welina mai, i ka honua enchanting o "Bingo's Magical World"! Ma kēia moʻolelo leʻaleʻa, e hui pū me Bingo, he ʻīlio aloha me kahi huna - ʻike ʻo ia i ka honua ma ke ʻano kupua maoli. ʻOiai mākou e ʻike i nā mea o kēlā me kēia lā, ʻike ʻo Bingo i nā mea kupanaha i hūnā ʻia mai kā mākou ʻike. E hui pū me Bingo ma kahi huakaʻi ʻakaʻaka piha i ka noʻonoʻo, ʻakaʻaka, a me nā hoaaloha ʻike ʻole. Mai ka ʻakaʻaka ʻana i nā moena a hiki i ke kuhikuhi ʻana i nā mea pāʻani, e hoʻopaʻa ka naʻau o Bingo i kou puʻuwai a hoʻomanaʻo iā ʻoe i kekahi manawa, hiki mai nā hana hoʻohiwahiwa ʻoi loa i loko o ko mākou noʻonoʻo. E hoʻomākaukau no kahi huakaʻi ʻōniʻoniʻo a me nā maka ʻōniʻoniʻo i ko mākou luʻu ʻana i loko o ka honua kupaianaha o Bingo, kahi e lilo ai ka mea maʻamau i mea kupaianaha, a ʻo ka hana kilokilo he pawprint!

Meet Bingo, a playful pup with a special talent. While everyone sees the world in one way, Bingo sees it in a magical, mysterious way!

E hui me Bingo, he ʻīlio pāʻani me kahi kālena kūikawā. ʻOiai e ʻike ana nā mea a pau i ka honua ma ke ʻano hoʻokahi, ʻike ʻo Bingo iā ia ma ke ʻano kupanaha, pohihihi!

Bingo loves to stare off into the distance. His eyes sparkle with excitement as he gazes at things we can't see. What could it be?

Makemake ʻo Bingo e nānā i kahi mamao. ʻAlohilohi kona mau maka i ka hauʻoli i kona nānā ʻana i nā mea hiki ʻole iā mākou ke ʻike. He aha paha ia?

Bingo barks at the rug with
glee.
"Is there a hidden world only
Bingo can see?"
His tail wags with joy as he
invites you to join his
adventure.

Huli ʻo Bingo i ka moena me ka hauʻoli.
"He honua huna wale nō ka Bingo e ʻike ai?" ʻOliʻoli kona huelo i kona kono ʻana iā ʻoe e komo i kāna huakaʻi.

In the kitchen, Bingo stands tall, looking at nothing at all. But maybe, just maybe, there's an invisible friend having a ball!

Ma ka lumi kuke, kū kiʻekiʻe ʻo Bingo, ʻaʻohe nānā iki. Akā paha, aia paha, aia kekahi hoaaloha ʻike ʻole he pōlele!

"Who's there, Bingo?" we ask with a grin. But Bingo just wags his tail and continues to spin.

"'O wai ma laila, e Bingo?" ninau aku makou me ka minoaka. Akā, wili wale 'o Bingo i kona huelo a ho'omau i ka milo.

Through the garden and under the trees, Bingo explores with the greatest of ease. His magical vision takes him to places unknown.

Ma o ka māla a ma lalo o nā kumulā'au, 'imi 'o Bingo me ka ma'alahi loa. 'O kāna hihi'o kilokilo e lawe iā ia i nā wahi i 'ike 'ole 'ia.

Bingo barks at the sky, a cloud passing by. "Is it a dragon, or maybe a pie?" His imagination soars, and his spirit is high.

'O ka Bingo e 'ā ana i ka lani, he ao e maalo ana. "He deragona anei, a he pai paha?" Pi'i kona mana'o, a ki'eki'e kona 'uhane.

In the park, Bingo chases his tail. His eyes twinkle like stars, his joy will never fail. Is he playing a game we can't understand?

Ma ka paka, alualu ʻo Bingo i kona huelo. Olinolino kona mau maka me he hoku la, aole e pau kona olioli. Ke pāʻani nei ʻo ia i kahi pāʻani hiki ʻole iā mākou ke hoʻomaopopo?

At night, Bingo stares at the moon. "A celestial dance, a magical tune." His dreams filled with wonders, a magical boon.

I ka pō, nānā ʻo Bingo i ka mahina. "He hula lani, he mele kupua." ʻO kāna mau moeʻuhane i hoʻopiha ʻia me nā mea kupanaha, he pōmaikaʻi kupua.

Bingo's friends wonder why he acts so strange. "It's not strange at all," says Bingo, "It's a magical change!"

Ke haohao nei na hoa o Bingo i ke kumu o kona ano e. "'A'ole ia he mea kupanaha," wahi a Bingo, "He ho'ololi kupanaha!"

One day, Bingo leads us to a secret place. "A world of wonders," he says with grace. We close our eyes, imagining the space.

I kekahi lā, alaka'i 'o Bingo iā mākou i kahi huna. "He honua kupanaha," wahi āna me ka lokomaika'i. Ho'opili mākou i ko mākou mau maka, e no'ono'o ana i ke ākea.

Bingo's world is full of delight. Fairies, dragons, and stars so bright. In his magical world, everything's just right.

Piha ka honua o Bingo i ka hau'oli. 'O nā fairies, nā 'īlio hihiu, a me nā hoku 'ālohilohi loa. I loko o kona ao kupua, pono nā mea a pau.

So, if you see Bingo staring into the air, remember, he sees magic everywhere. Join his world, if you dare.

No laila, inā ʻike ʻoe iā Bingo e nānā ana i ka lewa, e hoʻomanaʻo, ʻike ʻo ia i ke kilokilo ma nā wahi āpau. E hui pū me kona honua, inā ʻaʻa ʻoe.

Bingo, our magical friend so dear, fills our days with joy and cheer. In his world, there's nothing to fear.

ʻO Bingo, ko mākou hoa aloha
aloha, hoʻopiha i ko mākou mau
lā me ka hauʻoli a me ka hauʻoli.
I kona ao, ʻaʻohe mea e makaʻu
ai.

So, when Bingo points and plays alone, remember, in his world, he's never on his own. With a toy and a twinkle, his magic has grown.

No laila, ke kuhi a pāʻani hoʻokahi ʻo Bingo, e hoʻomanaʻo, i kona honua, ʻaʻole ʻo ia ma kāna iho. Me ka mea pāʻani a me ka uila, ua ulu kāna kilokilo.

The toy squeaks, and Bingo leaps with glee. His invisible friend giggles, as happy as can be. A game of hide-and-seek or perhaps a cup of imaginary tea?

ʻOni ka pāʻani, a lele ʻo Bingo me ka hauʻoli. ʻO kona hoa ʻike ʻole ʻia e ʻakaʻaka me ka hauʻoli. He pāʻani peʻe a i ʻole he kīʻaha kī noʻonoʻo?

# The end!

# Ka Hopena

Picture of "Bing" the real life dog this book was written about thank you for sharing your special world with us!

www.BooksBySchaaf.com

This book is available in 10 languages

Other bilingual books are:
The Curious Cow Commotion,
Forever Friends a Tale of Love and Loss
and
Rory, The Rooftop Raccoon!